ARTICLES

EXTRAITS

DE LA GAZETTE UNIVERSELLE DE LYON.

ARTICLE DU 6 MARS 1826. *

Le *Journal des Débats* ne peut souffrir que la Chambre des députés ait signalé la licence de la presse à la vigilance du Monarque, comme ayant brisé tout frein et dépassé toute limite. Il revient à plusieurs reprises sur ce sujet, et toujours avec amertume. Il n'épargne point les objurgations à la Chambre, qu'il menace des suites que doit entraîner une telle *exagération*. Il lui paraît évident, et il le déclare avec un sérieux affligeant, que jamais la presse n'a été plus modérée; il s'en faut de beaucoup, selon lui, qu'elle soit arrivée au degré de vigueur et de véritable liberté où on doit désirer de la voir. *La licence effrénée!* s'écrie-il, *dites la simple, la méticuleuse, la timide liberté de la presse!* et bientôt, s'emparant du rôle d'accusateur, il dénonce à son tour une licence pleine de *virulence*, *d'injures*, *d'emportement;* mais ce n'est point celle de la presse, *c'est celle de la chaire sacrée!*

L'Aristarque n'est pas moins violent. Il ne craint point de comparer à *Robespierre* ceux qui s'élèvent contre la licence de la presse; et employant lui-même un langage qui rap-

---

* On s'abonne à ce Journal à Paris, rue de Bourbon, N.° 15, chez M. Baillet.

pelle l'époque de cet homme exécrable, il s'écrie : « Rien ne » sauvera jamais ni les tyrans, ni ceux qui, se trouvant trop » faibles pour gouverner, trop fiers pour écouter les con» seils, prétendent se délivrer, par la censure, de l'impor» tunité des représentations et du blâme; en vain s'efforce» ront-ils de bâillonner les organes habituels de l'opinion » publique; il est une voix plus redoutable, plus forte que » celle qui retentit dans les journaux et dans les pamphlets; » une voix qui, lorsqu'elle se fait entendre, porte la foudre » avec elle, éclate et frappe comme le tonnerre : c'est le cri » des nations dont on méprise ou dont on brave les justes » plaintes. »

Voilà jusqu'où des irritations personnelles mal réprimées, des passions violentes aveuglément suivies, peuvent entraîner des esprits qui passaient pour raisonnables. La licence actuelle de la presse est une chose patente, c'est un de ces faits éclatans qu'il serait ridicule de vouloir démontrer; ce grand incendie élève des flammes de toutes parts. Trois millions de livres impies circulent dans une société dont la première éducation s'est faite sous le règne de l'athéisme, et à qui on recommence les mêmes enseignemens sur un plan perfectionné. Les députés de la France, accourus de tous les points de l'empire, proclament l'étendue d'un mal dont ils ont été les témoins, et dont leurs concitoyens leur ont recommandé d'implorer le remède; la religion (et si la France est encore une nation chrétienne, elle doit écouter cette voix avec respect), la religion pousse un cri d'alarme, conjure le ciel, supplie la royauté. Un grand empire que toute l'Europe croyait inébranlable sur sa base, tremble de la secousse terrible et récente qu'il vient de recevoir; et ni cette inquiétude universelle, ni ce réveil de toutes les passions révolutionnaires, ni tous ces grands avertissemens du ciel, effrayans préludes d'une révolution qui recommence, ne peuvent toucher des hommes dont l'intérêt du moment est que la licence ne soit pas réprimée. Ils ferment les yeux, ils se bouchent les oreilles. Ils ne trouvent pas la liberté d'écrire encore assez grande; *l'opposition* leur paraît méticuleuse, timide, incertaine; et à force de le dire, peut-être se le persuadent-ils, comme ils finissent par le persuader à d'autres. *On ne peut calculer*, disait dernièrement un illustre prélat, *les effets que peut produire sur les esprits la continuité des impressions, l'affirmation ferme, répétée, non interrompue des mêmes choses, pour si absurdes qu'elles soient.*

La puissance inouie de ces machines que la vapeur dilatée fait mouvoir, ne les égale point.

Cependant l'opinion des peuples continue à s'égarer. Ils n'écoutent plus les voix qu'ils aimaient à entendre. On les a accoutumés à se défier de leurs guides naturels. Selon les besoins des partis et les passions du jour, on a déconsidéré tous les véritables organes de la société; hier la Chambre des députés, aujourd'hui les évêques. Des journaux royalistes et religieux ont fait, pendant quelques années, l'éducation d'un peuple à qui il n'était pas possible de faire entendre d'autres précepteurs. Ce grand moyen d'action est détruit ou perverti. La Chambre des députés vient de réprimer par un acte de justice, que personne, sans doute, n'accusera de sévérité, un dessein formé de la déconsidérer aux yeux des peuples. Tous les journaux, un ou deux exceptés, ne se sont-ils pas élevés contre la Chambre? n'ont-ils pas réclamé en faveur de la licence? Et dans la Chambre elle-même, des hommes chers à notre cause, qui se firent distinguer par la pureté de leur zèle, même au milieu de cette admirable majorité de 1815, ont-ils tenu, soit dans cette dernière occasion, soit dans la discussion de l'adresse, le langage qu'on devait attendre de leur haine pour la révolution, et de la confiance que les royalistes avaient placée en eux? Un langage amer, des expressions chagrines, ont signalé à la France des esprits blessés. Déplorable scission, dont nos ennemis seuls doivent se réjouir, et dont le terme est appelé par les vœux de tous les gens de bien!

ARTICLE DU 12 AVRIL. *

Le *Constitutionnel* s'attaque aujourd'hui avec violence à la *Gazette Universelle*. L'article de notre feuille du 2 avril, dans lequel nous relevions avec modération, mais avec force, la singulière inconvenance d'une publication de M. le conseiller Cottu contre le clergé de France, et dans lequel nous exhortions la magistrature à user du droit que les lois lui attribuent sur ses propres membres pour censurer l'écrit de M. Cottu, et arrêter, dès le principe, par une improbation éclatante et sévère, le dessein tenté de ressusciter ces vieilles discordes parlementaires dont le souvenir déplorable se mêle à

---

* Voir l'article du 2 avril à la page 27.

celui de tous nos malheurs. Cet article, où nous avions traité avec calme et décence de graves questions imprudemment soulevées par M. Cottu, a excité contre nous une irritation étrange et des accusations injustes. Non que l'écrivain qui nous répond soit entré dans les entrailles de la question, il est resté au-dessous d'un si grave sujet, il ne nous a point suivi dans la discussion, son article est pâle et faible, et nous sommes surpris que le *Constitutionnel* en ait fait son article de doctrine. Du reste, le genre si facile de la polémique gazetière, genre usé et froid, y est employé avec peu de mesure. On trouve que c'est *surpasser en audace tout ce qui s'est vu jusqu'à ce jour*, que d'oser blâmer l'écrit d'un magistrat, n'écrivant pas dans sa qualité de magistrat, mais comme simple particulier; tandis que ce même magistrat, sans restriction et avec un langage altier, accuse tout le clergé de France, tous les pouvoirs de la société, excepté celui dont il est membre, et se permet de dire du Roi ces outrageantes paroles: *Qu'il rêve son repos dans une position périlleuse.* S'il y a *de l'audace* quelque part, et si nous ne répugnons à nous servir d'un terme aussi peu mesuré, nous la verrions dans les paroles que nous venons de rappeler, plus que dans l'article grave et modéré où nous avions relevé une aussi étonnante inconvenance. Nous dirons au *Constitutionnel*, qui prend fait et cause pour M. Cottu et approuve toutes ses pensées et toutes ses expressions: On doit mieux entendre la liberté, quand on l'exploite si largement à son profit, et souffrir avec plus de patience une contradiction que les lois autorisent, que la justice commandait, et que le respect le plus sévère pour les convenances ne pouvait désavouer.

Nous ne voyons pas pourquoi l'on veut mêler partout les jésuites. Il ne s'agissait point des jésuites dans cette affaire, mais d'un conseiller de la Cour royale de Paris et du clergé de France. Quelle singulière idée, pour justifier les parlemens du reproche d'avoir amené la révolution française, de rejeter ce reproche sur ce qu'on appelle *les Jésuites de 1789*. C'est une accusation mille fois avancée par les révolutionnaires, mais mille fois mise en poussière, qu'il ne faut attribuer les excès de la révolution qu'à ceux qui y ont résisté, c'est-à-dire qu'à ses victimes. Cette accusation est non-seulement absurde, mais immorale et cruellement dérisoire, et nous devions nous attendre à voir opposer quelque chose de plus sérieux au reproche grave que nous avions adressé aux anciens corps judiciaires, d'avoir imprudemment ébranlé les colonnes du temple, sous les ruines duquel ils ont été les premiers écrasés.

Le *Constitutionnel* s'écrie : *Quelle harmonie entre la Gazette Universelle et l'Etoile !* Si le *Constitutionnel* nous fait l'honneur de nous lire quelquefois, il a dû apercevoir, il est vrai, quelques traits de ressemblance entre l'*Etoile* et nous ; mais il a dû voir aussi une différence prononcée, essentielle, patente : c'est que le journal auquel il nous compare appartient au ministère ; et que le nôtre n'appartient qu'à nous. Comme nous avons déjà eu occasion de le dire, il n'y a pas beaucoup de journaux, pas même peut-être le *Constitutionnel*, qui puisse tenir aussi hardiment le même langage, et c'est peut-être ce qui a donné au nôtre, dès son origine, quelque crédit.

Le *Constitutionnel* s'émerveille que ce soit au moment même où toute la capitale raffole de l'éloquence bretonne de M. Bernard contre les jésuites, que la Gazette de Lyon, *écrite, comme chacun sait, sous l'inspiration jésuitique, apporte à Paris une dénonciation contre la magistrature.* Nous ne sommes point jésuites, le *Constitutionnel* s'est trompé, et même aucun jésuite jusqu'ici n'a mis une seule ligne dans notre feuille ; mais puisque le *Constitutionnel* nous rappelle le plaidoyer de M. Bernard, il nous permettra de lui dire que ce plaidoyer nous a paru faible. Je conçois qu'il y avait là un beau sujet pour un avocat, quelque chose de fait pour exalter l'imagination et ouvrir toutes les sources du *fleuve de l'éloquence.* Ce secours puissant qu'on reçoit d'un auditoire attentif et bienveillant ne manquait pas non plus, mais M. Bernard a manqué tout-à-fait à une si grande cause. Nous ne sommes point chargés de défendre les jésuites ; nous nous sentons encore moins portés à les attaquer ; mais il nous semble que nous nous y serions pris autrement que M. Bernard, et que nous eussions tenté d'autres efforts, si nous avions eu l'honneur d'avoir pour adversaire une société qui a toujours tenu l'Europe attentive à ses destinées ; qui a paru aussi propre à fonder des empires qu'à régénérer les nations les plus barbares ; que les trois cents Pères du concile de Trente ont proclamée sage et pieuse ; que l'Eglise de France, réunie en 1765, a vengée avec éclat de la haine des parlemens ; dont le plus populaire de nos Rois avait plaidé lui-même la cause par un discours d'une éloquence vraiment royale, mélange inimitable de clarté, de franchise et de fermeté ; une société à laquelle Henri IV et Louis XIV ont légué le dépôt royal de leurs cœurs ; dont les monarques les plus habiles, Louis XIV, Sobieski, Frédéric-le-Grand, Catherine II, ont reconnu hautement l'utilité ; que les plus grands génies, un Richelieu, un du Perron, un Fénelon, ont honorée et estimée ; qui a été chère à tant de saints personnages, Charles Borromée, Philippe de Néri, François de Sales, Vincent de Paule ; qui a donné elle-même neuf saints à l'Eglise, et produit une multitude innombrable de martyrs et de grands hommes ; ah ! je conçois qu'une grande ambition excitât l'orgueil et l'éloquence d'un avocat contre ce colosse de gloire, de sainteté, de réputation ; mais on a été mal inspiré d'aller chercher cet avocat au fond de la Bretagne, et il a été plus mal inspiré lui-même de le prendre sur un ton de mépris vis-à-vis de tels hommes et dans une telle cause.

ARTICLE DU 16 AVRIL.

Les scènes qui ont préludé à tous les malheurs de la révolution se renouvellent dans la capitale. La violence toujours croissante de la presse reproduit les effets qu'elle produisit il y a trente-sept ans. Dès que ces dispositions séditieuses se manifestent, la presse qui les a excitées, les flatte et les encourage ; son audace croît avec l'audace qu'elle a provoquée, et il y a une harmonie sinistre entre le langage des journaux révolutionnaires et ces vociférations nocturnes, ces scènes de sédition, et tous ces scandales de révolte qui sont un spectacle pour Paris et un sujet d'effroi pour le reste de la France. Que ceux qui doutaient encore, il y a quelque temps, qui se rassuraient sur ce langage de bonne compagnie que le *Constitutionnel* savait employer à propos, comprennent enfin où l'on en voulait venir par ce ton grossier et séditieux où le *Constitutionnel* a su descendre aujourd'hui, pour se mettre à la portée de ceux sur lesquels il lui importe d'avoir action, sujets dociles sur lesquels il exerce son suprême gouvernement, et qui obéissent d'une manière si effrayante aux mouvemens reguliers qu'il leur imprime. Avec quelle affectation risible, si elle n'était pas dégoûtante, il nous montre, au milieu de la nuit, à la lueur des feux allumés de toutes parts, *les pères et les mères de famille entourés de tous leurs enfans, levant les mains au ciel pour le remercier d'avoir conservé la paix sous le toit domestique !* S'il emploie le langage patelin, il sait aussi en employer un autre plus énergique. *Que le Dieu qui veille sur la France*, s'écrie-t-il, *la délivre de ce système d'hypocrisie et de corruption, si incompatible avec les sentimens de loyauté et d'honneur qui la distinguent ; qu'il brise enfin ce joug d'un despotisme ignoble et tracassier sur lequel gémit un peuple confiant, généreux, qui ne demande qu'à n'être pas méconnu et à n'être pas trompé.* C'est en vain que le *Constitutionnel*, inquiet, peut-être, des suites qu'à la rigueur une pareille audace pourrait lui attirer, cherche, plus bas, à mettre la royauté hors de cause. La classe à laquelle il s'adresse, la populace dont il flatte les passions, ne s'arrêtera point à ces distinctions ridicules, elle n'attendra point surtout que *le Dieu qui veille sur la France* vienne briser le joug de ce despotisme ignoble sous lequel on lui dit qu'elle gémit, elle le brisera de ses mains, car il y a long-temps que *le Constitutionnel* lui a appris à ne point croire au *Dieu qui veille sur la France*.

Un autre moyen d'agitation tenté simultanément par les révolutionnaires, ce sont ces descriptions atroces du sac de Missolonghi dont ils épouvantent les imaginations, et dont il est prouvé aujourd'hui qu'ils ont inventé tous les détails, puisqu'aucun document sur les circonstances de cet événement n'est encore parvenu en France. Par un infernal artifice, la révolution se sert de la cause des Grecs pour écraser le catholicisme, et c'est au moment où elle vient de faire l'essai de son pouvoir sur une population aveuglée, qu'elle cherche à lui inspirer des sentimens d'horreur pour sa religion. *Nous ne nous moquons pas des processions*, dit le Journal du Commerce de Paris, *car nous avons coutume de parler sérieusement des choses sérieuses, et les processions du jubilé rapprochées du sac de Missolonghi n'invitent pas à la raillerie....... Il est bien permis de trouver que les stations du jubilé contrastent étrangement avec les stations des habitans de Missolonghi...... Lorsque les Turcs ravagèrent, pour la première fois, la Grèce, Léon X publiait aussi des indulgences....... ; c'était le siècle des querelles théologiques, des concordats, des jésuites et des persécutions religieuses : ce fut aussi celui du protestantisme.* L'Etoile *qui aime les souvenirs historiques nous passera celui-là.*

Nous ne saurions assez exprimer quelle horreur ce langage et ces tentatives de la révolution excite dans nos provinces ! Paris peut y rester indifférent. En résultat, il en souffre peu ; chacune des journées de la révolution a accru son influence et détruit la nôtre, et toutes ces scènes odieuses se passent au profit de son despotisme. Mais nous qui ne demandons que la paix pour prix de tant de sacrifices que la révolution nous a imposés, ne pourrons-nous pas faire entendre aussi notre voix, et conjurer l'autorité de songer enfin à la protection qu'elle doit aux gens de bien?

Si les ministres ont cru qu'on peut rester indifférent aux entreprises des méchans, et laisser sans conséquence les défiances se propager, l'irritation s'exalter, les préventions s'enraciner, et les calomnies s'accréditer; si les journaux royalistes ont pensé que, pour satisfaire leur haine contre le ministère, ils pouvaient, en sûreté de conscience, déconsidérer le pouvoir et flatter impunément des passions stupides, et le ministère et les journaux royalistes se sont étrangement trompés! Nous pouvons affirmer aux ministres que la haine, soutenue contre leurs personnes par cette action continue et irrésistible de la presse, commence à nous inquiéter sérieusement pour eux, et que nous ne voyons pas pourquoi des résultats, amenés autrefois par des causes bien moins puissantes, ne se renouvelleraient point aujourd'hui. Certainement la haine que portait la populace de 16... au maréchal d'Ancre, n'était point plus forte que celle qu'on est parvenu à inspirer à la populace de 1826 contre M. de Villèle. Si M. de Villèle ne tremble pas pour l'Etat, nous le conjurons de trembler au moins pour lui, ou plutôt qu'il ne s'effraie point de ces manifestations bruyantes qui s'adressent à la royauté autant qu'à lui, mais qu'il prenne sérieusement le parti de les faire taire; la révolution recule dès qu'on se retourne pour la regarder. Ces individus qui paraissent si remuans aujourd'hui, sont peut-être les mêmes qui sont restés renfermés dans leur maison quand on menait Louis XVI à l'échafaud; ils ont vu passer du seuil de leurs boutiques la tête de madame de Lamballe au bout d'une pique, la reine de France sur une charette, les plus vertueux citoyens menés au supplice. Ils ne remuaient point alors, et il ne leur venait point dans la pensée de tramer des menées séditieuses contre le gouvernement de ce temps-là.

ARTICLE DU 29 AVRIL.

On lit dans le *Courrier français* du 20 avril :

« Depuis que M. le duc de Rivière a été nommé gouver» neur de S. A. R. le duc de Bordeaux, les journaux minis» tériels s'évertuent à faire connaître les titres qui lui ont » mérité ces importantes fonctions. Ils nous apprennent que » M. de Rivière a servi dans l'émigration, dans la Vendée, » etc., etc. Ce sont certainement là des titres à la bienveil» lance de la famille royale ; mais que fait tout cela pour l'é» ducation du Prince? Craint-on que le jeune héritier des » Bourbons ne soit pas Bourbonien? que le prince appelé à » régner sur la France ne soit pas royaliste? Sans doute on » est fort rassuré sur ce point. Et alors que prouvent tous les » faits qu'on a rapportés? Ce qui importe à la France, c'est » de savoir que le prince, qui doit la gouverner un jour, re» cevra tous les enseignemens que réclame le rang auquel » il est appelé; qu'il sera élevé dans l'amour des institutions » qui nous régissent, et que son éducation ne sera point res» treinte aux leçons qu'il pourra puiser dans les états de ser» vice de son gouverneur et dans les statuts de la congréga» tion... On ne voit pas que le ministère ait songé à la sécurité » des bons citoyens, des amis des institutions constitution» nelles, c'est-à-dire des véritables amis de la monarchie. »

Ecoutons maintenant le sans-culotte Prudhomme dans son fameux journal. Voilà ce qu'il disait sur le même sujet en 1791 :

« Souvent le plus grand malheur qui pourrait arriver à une » naissante famille serait de recevoir l'éducation de ceux à » qui on est déjà redevable de l'existence. L'enfant que nous » appelons encore le Dauphin, on ne sait trop pourquoi, se » trouve précisément dans ce cas. Né pour marcher à la tête » de 25 millions d'hommes, si toutefois la nation française, » en révisant sa nouvelle constitution, persiste à vouloir » d'un roi héréditaire, le Dauphin jamais ne se trouverait en » état de remplir ce poste, si on l'abandonnait aux soins de » ses parens. Ils ne doivent pas même avoir le choix de celui » qui les remplacera auprès du Dauphin. La nation seule a ce

» droit. Tant qu'elle voudra bien confier son pouvoir exécu- » tif aux mains d'un chef héréditaire, elle conservera le droit » de le faire élever à sa manière; et probablement le caté- » chisme de la constitution sera le premier des livres *adusum* » *Delphini*, et son gouverneur ne pourra être qu'un patriote » tout-à-fait dans le sens de la révolution.

» Nous avons parlé d'une liste des livres destinés à l'éduca- » tion du prince, et soumis au suffrage de l'assemblée. Sans » doute le gouverneur du Dauphin se hâtera de quitter les » mysticités de la gent hébraïque pour faire passer son élève » à l'histoire nationale. Mais en avons-nous une? Chacun de » nos rois a eu son légendaire; mais où sont nos Tacite?

» Grâce à la révolution, il vient pourtant de s'imprimer un » livre dont la lecture offrirait de salutaires leçons au jeune » prince. Le titre seul en a déjà imposé à la valetaille du pa- » lais des Tuileries : *Crimes des rois de France depuis Clovis* » *jusqu'à nos jours*. On y prouve, par une série de faits, que » tous nos monarques, sans en excepter et les Charlemagne » et les Charles-le-Sage, et les Louis IX et les Louis XII, » Henri IV lui-même, ont été des scélérats plus ou moins » accomplis. Cette histoire de France, d'un nouveau genre, » n'a qu'un volume in-8.°; mais ce volume contient plus de » vérités que tous les in-4.° des Mézeray, des Daniel, des » Vély. Il est tout en substance, etc., etc. »

On voit qu'à cette heureuse époque de notre monarchie, on tenait aussi fort peu à ce que l'héritier du trône fut *bourbonien*, et qu'on pensait, comme aujourd'hui, qu'il serait toujours bien assez royaliste. On faisait aussi alors des *résumés historiques* à l'usage de la jeunesse révolutionnaire. *Il n'y a rien de nouveau sous le soleil.*

Au commencement de la révolution, l'Assemblée constituante avait voulu intervenir dans la nomination de l'instituteur du Dauphin, et, sous l'Assemblée législative, une liste fut formée de ceux qui pouvaient prétendre à cette place. Sièves, Condorcet et Péthion étaient en tête. Probablement le *Courrier Français* n'eût rien trouvé à redire à ces noms-là.

On éprouve une douleur profonde, dit le *Journal des Débats*, en parlant de la nomination de Mgr. l'évêque de Strasbourg à l'emploi de précepteur du duc de Bordeaux, *on éprouve une douleur profonde à voir ce char qui court aux abîmes, sans pouvoir le retenir.* Il ne reste plus qu'un moyen de *retenir le char*, et de sauver la monarchie, répond l'*Ami de la Religion*, c'est d'appeler à l'éducation du prince MM. des

Débats et MM. du *Constitutionnel*. Les premiers lui apprendront la politique, les autres la religion. Il y aurait du malheur après cela, si le jeune prince est *ultra* ou dévot.

ARTICLES DES 30 AVRIL ET 3 MAI.

On est, en général, mal reçu à venir attrister les honnêtes gens et troubler la molle insouciance du présent par l'effrayante prédiction des dangers de l'avenir. L'expérience nous fait voir que les prophètes de malheur trouvent peu d'hommes disposés à les écouter, et que leurs paroles n'ont guères d'autorité que celle qu'elles reçoivent un peu plus tard de l'événement. Nous avons donc besoin de faire un véritable effort sur nous-mêmes pour exprimer les inquiétudes dont nous sommes dominés, et l'effroi que nous inspire l'audace croissante de la conspiration qui nous investit. Il y a un dessein formé de corrompre la population française pour la disposer à une révolution. Nous en avons la certitude; et ce que nous désirons par-dessus tout, c'est que la vivacité avec laquelle nous exprimons nos alarmes soit jugée ce qu'elle est, l'effet d'une conviction cruelle, et non d'une irritation aveugle et mal réprimée; c'est que tous les gens de bien, quelque soit la divergence de leurs vues sur les considérations secondaires de la politique, s'effrayent enfin des périls graves où tout ce que la société française a de plus cher va se trouver compromis. C'est uniquement dans ce but, si respectable à tous les hommes sages et modérés, que nous appellerons encore l'attention sur un des signes par où se manifeste le mieux ce complot redoutable dont l'existence ne peut plus être niée, sur ce grand scandale des écrits irréligieux répandus avec profusion parmi le peuple. Le progrès du mal est si rapide, que les articles que nous consacrions, il y a un mois, à ce même sujet, dans notre Feuille, ne sont plus en rapport avec l'état des choses, et qu'il faudrait en quelque sorte publier tous les jours un bulletin nouveau, pour retracer la marche de cette maladie terrible dont les accès se succèdent sans intervalle, dont les symptômes se compliquent d'une manière effrayante, et dont tous les caractères annoncent aux hommes expérimentés l'approche d'une dernière crise qui amènera la mort, peut-être aussi le salut du corps social.

Il ne s'agit plus de trois millions de livres impies et immoraux, circulant parmi la population française; il ne s'agit plus de corps d'ouvrage faits pour les bibliothèques seules, inaccessibles jusqu'ici à la classe populaire qui n'a ni les moyens de payer des livres, ni le temps de les lire. Ce qui se vendait se donne, ce qui était développé dans des volumes d'une étendue ordinaire, se trouve réduit dans des livrets d'un quart-d'heure de lecture. Nous avions cru, dans nos calculs sur le nombre des mauvais livres publiés ces dernières années, avoir mesuré les extrêmes limites du mal. Combien nous étions loin de compte, et avec quelle triomphante dérision le génie du mal nous apprend lui-même que « depuis » 10 ans, on a fait trente-cinq éditions de Voltaire, qui ont » été tirées, l'une portant l'autre, à deux mille exemplaires » de 60 volumes au taux moyen. Ainsi, s'écrie l'écrivain li» béral qui nous donne ce calcul; ainsi, voilà de plus, dans » les mains de trente millions d'hommes, quatre millions » deux cent mille volumes (de Voltaire seulement) qui res» pirent dans chaque page, dans chaque phrase, dans chaque » ligne, l'horreur de l'oppression, du fanatisme et de l'into» lérance, c'est-à-dire, pour trancher le mot, l'*horreur des* » *jésuites*. Ce pas vers la raison, la justice et la vérité, est » immense, et il vaut à lui seul tout l'intervalle qui le sépare » des grands siècles de l'antiquité ».

L'écrivain libéral a raison; *le pas est immense*, le progrès est inconcevable, et il n'était permis à personne de compter sur un si étourdissant succès. « Voltaire, continue l'écrivain » libéral; Voltaire, il y a huit ou dix ans, n'était point en» core populaire. Ses immortels ouvrages dormaient dans les » bibliothèques, et la seule classe aisée de la société consul» tait parfois son génie. En un mot, on savait que Voltaire » était un grand-homme, qu'il avait consacré soixante ans de » sa vie à l'extirpation du fanatisme, et que les fanatiques » démasqués l'avaient en horreur; mais on s'en tenait géné» ralement à cette vérité, sans jamais s'exercer à l'appro» fondir, etc. »

Cette citation est extraite d'un des innombrables petits livrets à cinq sous et à deux sous, où la faction, sous le joug de laquelle nous allons tomber, s'est avisée, en l'an du jubilé 1826, de renfermer en extraits substantiels la quintessence de toutes les doctrines révolutionnaires et impies, dont le triomphe, par cet infaillible moyen, doit devenir populaire. *Les hommes du monde les connaissaient*, dit un des livres à cinq sous; *mais le peuple les ignore, et c'est surtout parmi le peuple que les jésuites font des dupes et enrôlent des prosélytes. Mettre le peuple en garde contre ces inconcevables protées, c'est bien mériter de la patrie. Il y a au fond des âmes les plus vulgaires le sentiment inné de la vertu :* ELLES SE SOULÈVERONT D'INDIGNATION, ET NOTRE BUT SERA ATTEINT.

Des témoins oculaires nous assurent que des balles entières de ces petits livrets sont exposées à la porte des libraires de Paris, et qu'une libéralité toute fraternelle les donne à ceux qui ne peuvent les payer. Toutes sortes de matières y sont habilement traitées; religion, histoire, droit public, satyres, comédies, mélodrames, tout y est mis, par des éditeurs zélés, à la portée des petites fortunes et des petites intelligences; des notes explicatives relèvent les passages qui manquent de clarté ou d'énergie. Tous les ouvrages de nos temps de licence, que la révolution du 18 brumaire avait flétris et qui paraissaient condamnés au mépris le mieux mérité et à un oubli éternel, ont été tirés de la boue pour l'instruction de la jeunesse et du peuple de la monarchie restaurée. Nous avons sous les yeux quelques-uns de ces petits livres. Le premier qui attire notre attention est un drame impie, joué pendant la révolution, et intitulée: *Les Victimes cloîtrées.* Il serait trop dégoûtant d'entrer dans l'examen d'une production de ce genre. Qu'il suffise de savoir qu'elle est l'ouvrage d'un malheureux que nous ne nommerons pas ici, à cause du repentir que, dit-on, il a manifesté plus tard. Cet homme, en 1793, remplit les fonctions de ministre du culte de la raison; on le vit monter dans la chaire de St.-Roch, revêtu d'une dalmatique pontificale aux trois couleurs, et prononcer un discours qui a été imprimé et qui restera comme le plus honteux monument de cette honteuse époque. *S'il existe un Dieu*, s'écria-t-il, entre autres blasphèmes; *s'il existe un Dieu, je le défie en ce moment de me foudroyer pour prouver sa puissance.* C'est cet homme qu'on juge digne, en 1826, de donner pour précepteur à la jeunesse française.

D'un athée passons à un régicide. Un des petits livrets à cinq sous est le *Fénelon de Chénier.* Tout a été dit sur cette déclamation révolutionnaire. On devait croire que la critique indignée en avait fini avec elle; *le cachot où l'on renferme une religieuse pour avoir fait un enfant, et la mascarade de Fénelon travesti en philosophe galant*, disait le Journal des Débats en 1805, *sont relégués parmi les contes de la bibliothèque bleue. Les trétaux sur lesquels M. Chénier s'était gualité*, disait le même journal, *se sont écroulés pièce à pièce. Le rétablissement des vrais principes politiques, un gouvernement sage, ferme et régulier, ont renversé tout l'échafaudage littéraire du poète philosophe.* Nous étions destinés à voir cet échafaudage se relever. Serait-ce que les vrais principes politiques auraient été renversés à leur tour, et que nous serions plus près aujourd'hui, qu'on ne l'était en 1805, de l'époque où les écrits de M. Chénier avaient eu en effet quelques succès, et où le *Journal des Débats* supposait que M. Chénier s'était animé par les motifs suivans à composer ses beaux ouvrages?

« A l'aspect du désastre de sa patrie, M. Chénier a dit, » comme le matelot hollandais, à la vue du désastre de Lisbonne : *Il y aura quelque chose à gagner ici pour ma gloire.* » Il n'y a plus de bon sens en France; bon! voilà pour moi » le moment de réussir : toutes les passions sont déchaînées; » tant mieux, je n'aurai pas de peine à les exciter dans mes » pièces : on pille les églises, on brise les autels; à merveille, » c'est le moment de crier contre le fanatisme religieux : on » assassine de tous côtés les prêtres; allons, il faut les dé- » noncer au peuple comme des assassins et des égorgeurs : » l'anarchie bouleverse toute la France; cela est parfait! me » voilà sûr de faire applaudir mes hémistiches, en les hérissant des mots de liberté et d'égalité. Le calcul n'était pas » mauvais. M. Chénier a régné quelque temps au théâtre; » mais son trône n'étant fondé que sur le désordre et sur la » folie, le retour de l'ordre et de la raison l'a détrôné ».

Il paraît que le trône de l'ordre et de la raison croule de nouveau, car celui de M. Chénier se relève!

On fait l'outrage à Laharpe de le réimprimer à côté de Chénier. On pense bien que les éditeurs ont fait un choix : *Le Couvent des Camaldules* et *Mélanie*, voilà ce qu'on publie de lui; *déclamations*, disait le Journal des Débats, *dont il a reconnu et déploré l'indécence dans les dernières années de sa vie. Mélanie*, disait le même journal, *a l'honneur d'avoir préludé aux mesures révolutionnaires, et préparé la destruction des maisons religieuses. Le gouvernement eut tort d'en souffrir même les lectures particulières. Pour être conséquent, le gouvernement devait poursuivre, suivant toute la rigueur des ordonnances, les atteintes portées à la religion. Faire observer les lois de l'Etat avec sévérité, ce n'est point intolérance, c'est prudence, c'est justice, c'est humanité. Que de sang on épargne en arrêtant les nouveautés dans leur source! C'est la fai-*

blesse du gouvernement à l'égard des Huguenots qui a produit les guerres civiles. Ceci s'imprimait en 1803, sous Napoléon Bonaparte.

Nous reviendrons sur les petits livres à deux sous et à cinq sous.

Nous avons commencé à entretenir nos lecteurs de l'entreprise récente des petits livres à cinq sous et à deux sous (1). C'est une des plus étonnantes choses de ce temps-ci. On conçoit les publications impies du 18e. siècle avant l'expérience de la révolution; on conçoit parfaitement les plus horribles excès de cette révolution; mais ce qu'on ne conçoit pas, c'est ce que nous voyons. Il est impossible aux esprits les plus habiles d'expliquer comment la restauration souffre cela. L'historien et le moraliste ne pourront pas en trouver la raison; l'homme religieux l'entrevoit, mais ses terreurs ne font que s'en accroître. Ce qu'il y a de certain, c'est que le passé est comme non avenu, l'expérience est inutile. Il paraît que l'homme n'a pas de souvenir pour les maux épouvantables. Comme ils sortent, en quelque façon, des bornes du possible, tout ce qui les concerne tient du merveilleux, ceux qui en entendent le récit ne peuvent y croire, ceux qui les ont subis ne peuvent s'en souvenir. Puis donc qu'il n'y a point eu de révolution, que les autels n'ont point été renversés, que la tête des rois n'est point tombée sous la hache, que les livres licencieux n'ont pas rendu les mœurs féroces après les avoir rendu molles, essayons ce que c'est qu'une révolution. Peut-être font-elles le bonheur des hommes, peut-être les philosophes ont-ils raison de faire des livres à deux sous pour l'instruction de la populace.

Nous apprendrons à M. de Montlosier que son ouvrage sur la Congrégation a fourni la matière d'un de ces petits livrets. On a combiné l'extrait de son livre de manière à produire le plus grand effet possible. Tous les passages où il affirme *que la piété du Roi attriste la France qui s'obstine à croire sa Charte et sa liberté en danger; que la France, imbue de l'opinion qu'elle en est aujourd'hui où en était l'Angleterre des Stuarts, éprouve un sentiment de honte* QU'UNE NATION NE PEUT LONG-TEMPS SUPPORTER; toutes les accusations, que la consul-

---

(1) *Voy.* le N.° du 30 avril.

tation des avocats de Paris prétend faire confirmer par un arrêt, pour en faire des vérités légales (1), se trouvent ramassées en un petit espace, dégagées des dissertations métaphysico-politiques qui pourraient leur ôter de leur clarté ou de leur force, et mises, par des réflexions qui lient le tout, à la portée de ceux à qui on a besoin de bien faire comprendre que la Charte et la liberté sont en danger sous un Roi dévot. Du reste, le petit livret assure *que les prêtres, par leur conduite actuelle, doivent nécessairement perdre de la considération.* Et il est juste de faire remarquer qu'il est moins énergique en cela, que M. de Montlosier qui a proclamé : Que *partout, le grand obstacle à notre religion, ce sont nos prêtres.*

Cette vérité, si nous devons en croire les éditeurs à cinq

---

(1) Nous avions annoncé, dans nos N.os du 17 et du 18 mars dernier, la réunion de plusieurs avocats de Paris chez M. Dupin, à l'effet de conférer sur le livre de M. de Montlosier, et nous avions caractérisé cette entreprise extraordinaire. Les journaux libéraux nous apprennent aujourd'hui le résultat des délibérations de cette assemblée à laquelle M. Hennequin a refusé d'assister. Il paraît que M. Devaux est un de ceux qui se sont donné le plus de mouvement dans cette intrigue; presque toutes ses conclusions ont été adoptées. Toutes les décisions prises portent la trace de l'embarras où l'on s'est trouvé pour satisfaire sa haine contre les jesuites, sans faire revivre des dispositions légales dont le premier coup retomberait sur la révolution ; ainsi MM. les avocats écartent l'application de l'article 291 du Code penal, pour ne pas porter sans doute préjudice aux sociétés révolutionnaires qui pourraient s'en trouver atteintes ; mais ils requièrent l'application des articles 207 et 208, qui punissent la correspondance avec une cour ou puissance étrangère sur des questions religieuses, assimilant ainsi le géneral des jésuites à une puissance etrangère. Il leur répugne, et ils ont leur raison pour cela, de reconnaître quelque autorité aux décisions des parlemens, et néanmoins, par une duplicite digne d'Escobar (si tant est qu'Escobar puisse leur être comparé), ils prétendent les invoquer comme *des vérités legales pour la qualification des doctrines des jésuites.* Pourquoi, demanderons-nous ici ; pourquoi des hommes qu'un zèle si édifiant pour le bien general a porté à se reunir pour s'occuper du salut de l'état et de la paix publique, n'ont-ils pas profité d'une si belle occasion, pour réclamer aussi, a titre de vérités legales et de qualification de doctrines, l'exécution de tous les arrêts du parlement contre les ouvrages licencieux que nous voyons réimprimer malgré les condamnations qui les ont supprimés ? Comment justifieront-ils encore l'absurde contradiction qu'ils veulent retablir, en poursuivant les ecclesiastiques qui professeraient des doctrines contraires aux quatre articles de 1682, et en laissant pleine liberté aux protestans et aux athées d'attaquer outrageusement ces mêmes doctrines ! Que tout cela est petit ! que tout cela est inconséquent ! que tout cela est odieux !

sous, tire une grand force du grande âge de M. de Montlosier : *Cette voix d'un vieillard*, s'écrient-ils, *fait entendre des accens qui empruntent de la tombe une imposante solennité !* Je ne sais si c'est aussi à la tombe que les éditeurs du petit livre empruntent leur solennité, mais elle ne laisse pas non plus que d'être imposante. A propos des jésuites, *dont l'immoralité*, à ce qu'ils assurent, *est si patente* (1), ils s'écrient : *On est étonné de trouver encore quelques sectateurs à cette société perfide. Ce qui jette le dégoût dans tous les esprits et l'horreur dans toutes les âmes, c'est la multitude de jésuites de tous les pays qui ont été condamnés aux galères, exilés, pendus.* Il eût été bon d'ajouter, pour l'instruction historique de la jeunesse, que c'est au Japon, en Chine et en Angleterre, que le plus grand nombre a été condamné, emprisonné, pendu ; on eût pu ajouter : torturé et livré à d'épouvantables supplices. Mais j'ai tort ; je ne faisais pas attention que les petits livres font ailleurs eux-mêmes cette remarque. En effet, un des crimes qu'ils reprochent aux jésuites, c'est *d'avoir ensanglanté le Japon.* Il est vrai : de même que Louis XVI, la Reine et madame Elisabeth ont *ensanglanté* la place Louis XV.

C'est contre les jésuites qu'est dirigé le plus grand nombre des petits livres à cinq sous et au-dessous. Des impostures, mille fois pulvérisées, toujours reproduites, reparaissent avec la même impudence accueillie par la même crédulité. C'est une des calamités de cet effroyable débordement de la presse, qu'elle rend impossible ou illusoire tout exercice de la critique historique et littéraire, et que le bourdonnement importun qu'elle élève sans cesse, empêche de se faire entendre la voix grave et tranquille de ceux qui voudraient réclamer les droits de la vérité, et aborder une discussion critique sérieuse. C'est la honte de ce siècle ignorant, et le désespoir de tous les esprits raisonnables ! Nous ne perdrons donc point notre temps à réfuter l'*Histoire abrégée des jésuites*, par Diderot, dont le vœu philanthropique pour les rois et les prêtres s'étendait probablement aussi aux jésuites ; les *Instructions secrètes*, ouvrage apocryphe, et toutes ces hardies im-

(1) M. de Fitz-James, le seul des évêques de l'assemblée de 1761 qui se soit élevé contre les jésuites, leur rend ce témoignage : *Quant à leurs mœurs, elles sont pures. On leur rend volontiers la justice de reconnaître qu'il n'y a peut-être point d'ordre dans l'Église, dont les religieux soient plus réguliers et plus austères dans leurs mœurs.*

postures historiques inventées pour le besoin de cette cause, et un des plus grands scandales qu'elle ait donnés. Je ne m'arrêterai qu'à une pièce en vers, intitulée : Voltaire et un jésuite. Le ton n'en est pas rassurant, car voilà les vers d'adieu, que l'auteur met dans la bouche de Voltaire, dialoguant avec le jésuite :

Prenez garde, mon frère, aux jours qui vont s'ouvrir ;
Voltaire y voit pour vous des maux qui font frémir !
Le tigre est irrité, sa vengeance s'apprête :
Hélas ! c'est un torrent que nul effort n'arrête !
Aux lugubres clartés des rapides éclairs,
Fuyez....., et s'il le faut, fuyez jusqu'aux enfers !

Pour qu'on ne se méprenne pas sur le sens de ces menaces, l'auteur a reproduit sur la couverture de son livre cette épouvantable figure, que les jacobins avaient fait sculpter sur plusieurs monumens en 1793 : Un homme entièrement nu, tenant d'une main une massue, de l'autre un glaive, et dont la face hideuse, les formes athlétiques rappellent à l'imagination effrayée le souvenir affreux des septembriseurs (1). Ces images de terreur paraissent plaire à l'écrivain : *On a prétendu détruire le lion*, dit-il, en parlant de Voltaire, *et on est allé étourdiment l'attaquer jusque dans son antre. Le roi des forêts s'est mis à rugir, et ses cris ont glacé d'effroi jusqu'à ses ennemis les plus acharnés.*

L'impiété ne se déguise pas dans ce petit livre ; l'Ecriture-Sainte y est livrée à une grossière dérision. L'auteur a choisi le ciel pour lieu de la scène, et il y met en présence Voltaire et saint Ignace. *On me demandera*, dit-il dans sa préface, *comment il se fait qu'un pareil homme (saint Ignace) soit en Paradis. Je répondrai par cette vérité, que Dieu est infiniment bon ; mais comme on ne manquera pas de répliquer qu'il est aussi infiniment juste, il faudra bien que j'avoue que je n'y conçois rien.*

Mais un pareil langage est-il tolérable ? et l'auteur ne redoute-t-il pas l'indignation des gens de bien et la vengeance des lois ? Pour l'indignation des gens de bien, *je prévois*,

---

(1) Un journal de Paris annonce qu'on distribue dans cette ville des médailles représentant *la liberté foulant aux pieds les emblèmes de la royauté*, avec cette date : 10 *août* 1792, et cette inscription : *Exemple au peuple.*

dit-il, *que cet opuscule fera crier la Congrégation. Tant mieux!* mais la vengeance des lois? Ah! s'écrie-t-il:

> Ah! de nos libertés défenseur intrépide,
> Séguier, par deux arrêts, nous prend sous son égide!

Et pour égide à son livre, l'auteur transcrit en effet textuellement les deux arrêts qui acquittèrent le *Constitutionnel* et le *Courrier français; titre éternel de gloire*, s'écrie-t-il, *pour la cour royale de Paris!*

La cour royale de Paris!! Ah! les regards inquiets des gens de bien sont en ce moment tournés vers elle. Nous la supplions, dans toute la douleur de notre âme, dans toute la sincérité de nos alarmes, avec tout le respect que nous devons à un des pouvoirs de la société, d'arrêter enfin ce torrent qui, de Paris, va inonder toute la France. Ces écrits se publient sous ses yeux; au crime d'attaque contre la religion et les lois, ils unissent celui non moins inquiétant de dérision outrageante contre la magistrature. Que la cour réprime cette audace. Qu'elle fasse ce qu'elle crut pouvoir faire, il y a quelques années, ce qu'elle a cru pouvoir faire récemment; qu'elle se rassemble, qu'elle ordonne au procureur-général de faire comparaître devant elle tous ces écrivains d'iniquité, tous ces furieux que nous voyons courir avec des torches pour embraser l'édifice social. Quelque espoir renaîtra dans les cœurs profondément attristés; un rayon du ciel viendra peut-être éclairer ces ténèbres menaçantes qui nous couvrent l'avenir.

ARTICLE DU 4 MAI.

Les journaux libéraux continuent à s'élever contre le choix qu'a fait Sa Majesté de M. l'évêque de Strasbourg, pour précepteur de S. A. R. Mgr. le duc de Bordeaux. Le *Journal des Débats* se fait remarquer, entre tous, par la violence de ses attaques. M. l'évêque de Strasbourg ne s'était pas encore trouvé dans des circonstances où il pût attirer les regards de la France, mais la France a pour garantie, de la bonté du choix qui vient d'être fait, *la tendresse d'un père et la sagesse* [illegible] seconde garantie dans le suffrage du noble duc de Montmorency, qui avait désiré lui-même être secondé par M. Tharin dans ses importantes fonctions.

Nous ne connaissons de M. l'évêque de Strasbourg que quelques mandemens. Nous en avions remarqué un, celui-là même que le *Journal des Débats* dénonce aujourd'hui comme un attentat aux lois fondamentales du royaume. Nous ne le défendrons point dans ce moment de cette singulière accusation ; mais nous aimons à faire ressortir (pour répondre à une autre accusation non moins étrange) la pureté et l'élégance du style, une touche précise et ferme, la marque d'un esprit judicieux et tous les caractères de l'éloquence religieuse, telle qu'on s'attend à la trouver dans la bouche d'un successeur des Bossuet et des Fénelon. On nous permettra d'appuyer ce jugement d'une courte citation. M. l'évêque de Strasbourg vient de parler de la destruction de tous les établissemens religieux de la France pendant la révolution; il continue par ces paroles :

« Ainsi disparurent du sol de la France, tant de séminaires où les élèves du sanctuaire se formaient à la science et aux vertus du sacerdoce; tant de monastères où l'innocence trouvait un asile contre la séduction du siècle, et la pénitence une solitude pour y verser en silence, loin du bruit des villes, les larmes du repentir; tant d'ordres religieux qui, durant les siècles d'ignorance et de barbarie, avaient conservé les monumens de l'histoire, des lettres et des arts, et rendu à la société ainsi qu'à la religion les plus importans services; tant de charitables congrégations dont les membres se dévouaient avec un courage surhumain au soulagement de l'humanité souffrante et délaissée; enfin, tant de colléges et de communautés où la jeunesse des deux sexes entendait les leçons de la sagesse divine, les voyoit accomplies dans les plus beaux exemples, et prenait l'habitude de ces solides vertus qui font ici-bas la consolation des malheureux, l'ornement et l'appui des familles, la force et la gloire des Etats. »

Quels sont donc les motifs pour lesquels les journaux libéraux représentent la nomination de M. Tharin au préceptorat, comme un malheur public? Il y en a deux. M. l'évêque de Strasbourg partage l'inquiétude de tous ses collègues dans l'épiscopat sur l'état actuel de la presse, et il approuve avec l'Eglise universelle, l'institut des Jésuites. C'est un malheur; mais il n'y a aucun moyen d'y échapper, si l'on veut un évêque pour précepteur. Or, c'est une tradition des Bourbons d'attacher des évêques à l'éducation des héritiers de leur couronne. Louis XIV, qui avait été élevé par un évêque, le déclara formellement à Bossuet lui-même, quand il le nomma précepteur du Dauphin son fils. « Bossuet représenta au Roi, disent les manuscrits de » Ledieu, que récemment chargé du gouvernement d'une » église par la bonté de Sa Majesté, il ne pouvait recevoir » la nouvelle marque de confiance dont elle l'honorait. *Je » veux un évêque*, lui répondit le Roi. »

Au surplus, M. l'évêque de Strasbourg peut se consoler de n'avoir pas l'approbation du *Constitutionnel* et du *Journal des Débats*. C'est un honneur qu'il partage avec Fénelon et Bossuet qui eussent été repoussés comme lui. Ces journaux ne mettent pas en doute, je pense, l'attachement que portait Fénelon à la compagnie de Jésus. Il le manifesta d'une manière assez positive, en choisissant lui même, dans cette pieuse société, le confesseur du jeune prince. Pour son aversion bien prononcée contre la licence des écrits, ce serait également faire injure à un aussi grand évêque que d'oser croire qu'il n'eût pas rempli ses devoirs à cet égard avec le même zèle que M. l'évêque de Strasbourg. Il s'en exprimait avec autant d'énergie que ce prélat; car il avait, selon l'heureuse expression de M. Villemain, beaucoup de douceur dans le caractère et beaucoup de domination dans l'esprit. « Avez-vous fait sentir votre indignation contre l'impiété? s'écrie-t-il, en interrogeant la conscience des rois; » n'avez-vous rien laissé de douteux là-dessus? *Vous êtes-» vous servi de votre autorité pour rendre l'irréligion* MUETTE? » Fénelon eût donc applaudi aux religieuses et unanimes réclamations que les évêques ont élevées, ces derniers temps, contre une licence que M. le ministre des affaires ecclésiastiques vient de déclarer, dans une circonstance importante, *la plaie la plus profonde de l'Etat*. Il se fut aussi réjoui de l'honneur fait, dans la personne de M. Tharin, à ce pieux et savant institut des Sulpiciens dont le souvenir occupa sa pensée mourante, et qu'il recommandait à Louis XIV, dans la lettre qu'il lui écrivit la veille de sa mort, par ces touchantes et honorables paroles : *On ne peut rien voir de plus apostolique ni de plus vénérable*.

Je n'ai pas besoin d'insister beaucoup pour faire comprendre que Bossuet eût partagé l'exclusion de Fénelon, si nos libéraux eussent pu être consultés pour le choix d'un précepteur. Avec quelle triomphante éloquence ce grand homme a célébré *l'institut des Jésuites !*

« Et vous, célèbre compagnie qui ne portez pas en vain » le nom de Jésus, à qui la grâce a inspiré ce grand dessein » de conduire les enfans de Dieu, dès leur plus bas âge, » jusqu'à la maturité de l'homme parfait en Jésus-Christ; » à qui Dieu a donné, vers la fin des temps, des docteurs, » des apôtres, des évangelistes, afin de faire éclater par tout » l'univers, et jusque dans les terres les plus inconnues, » la gloire de l'évangile; ne cessez d'y faire servir, selon » votre sainte institution, tous les talens de l'esprit, de l'élo- » quence, la politesse, la littérature; et afin de mieux ac- » complir un si grand ouvrage, recevez-en témoignage d'une » éternelle charité, etc. etc. »

Le *Constitutionnel*, dans un dernier article, exprimant enfin sincèrement le motif de ses alarmes, s'inquiète de voir tant de prêtres autour du jeune prince. Cette inquiétude est peu raisonnable. Le clergé a toujours été ami de la véritable philosophie, et il nous a toujours semblé qu'une des plus admirables choses de la terre, c'est la religion enseignant l'enfance des rois. *A force de répéter*, dit Bossuet, *nous fîmes que ces trois mots, piété, bonté, justice, demeurèrent dans sa mémoire avec toute la liaison qui est entre eux. C'est à ces principes que nous avons rapporté tous les préceptes que nous lui avons donné depuis plus amplement. Il a vu que tout venait de cette source, que tout aboutissait là.*

C'est ce qu'écrivait Bossuet au pape Innocent XI, et le pape lui répondait :

« Entre tant d'instructions de la véritable sagesse, dont » vous remplissez l'esprit du Dauphin, celles-là sans doute » sont les plus belles, et les plus dignes d'être inculquées sans » cesse, qui apprennent à unir ensemble, comme choses » inséparables, les intérêts et la gloire des rois avec le bien » des peuples, et les règles d'un bon gouvernement. Le » prince que vous instruisez connaîtra un jour qu'il n'est » point si beau ni si glorieux d'être né dans la royauté que » de savoir s'en servir, et que le plus digne emploi qu'un » prince puisse faire de cette puissance souveraine qu'il » reçoit de Dieu, c'est de la faire uniquement servir, non » pas à contenter ses passions ou le désir d'une gloire vaine, » mais à procurer le bonheur du genre humain. »

ARTICLE DU 10 MAI.

Ceux qui ne lisent pas les journaux tous les jours, et qui ignorent avec quelle rapidité se précipite le mouvement qui nous entraîne, auront peine à comprendre le degré auquel s'est subitement élevé, depuis quelques jours, le *Journal des Débats*. Ce qu'aucun honnête homme n'aurait pu croire, il y a seulement deux mois : le *Constitutionnel* se trouve dépassé, et la faction révolutionnaire et impie a un organe plus énergique et plus fidèle. Ce serait déjà un lieu commun que d'insister sur le hideux contraste que présente cette apostasie, avec tous les précédens du *Journal des Débats*. Nous ne pouvons croire, d'ailleurs, à cette déplorable misère du cœur humain; nous aimons mieux penser que le journal actuel n'est plus la continuation de l'ancien. M. Dussault est mort, M. de Féletz se retire avec éclat ; M. de Châteaubriand quitte Paris pour échapper même au soupçon de la moindre solidarité; il annonce que depuis long-temps une seule ligne de lui n'a paru dans les *Débats*. Ce journal se trouve aujourd'hui livré, dit-on, à MM. Fiévée et Salvandy ; nous ne le répétons que comme une nouvelle incertaine, car il n'est dans notre intention de faire une insulte à personne. Quoiqu'il en soit, le *Journal des Débats* professe aujourd'hui l'impiété.

Nos lecteurs savent avec quelle violence il a attaqué l'Association en faveur des Missions étrangères ; cette violence continue avec un redoublement bizarre. Aujourd'hui ils dissèquent, à la manière de Luther, le bref d'indulgences en faveur de cette Association ; ils outragent le Saint-Siège pour avoir attaché à l'aumône des grâces spirituelles ; ils jettent les hauts cris contre l'usage immémorial de l'Eglise catholique, de demander, comme condition des indulgences, des prières *pour la paix et concorde entre les princes chrétiens*, *pour l'extirpation des hérésies et l'exaltation de l'Eglise*. *Les Débats* repoussent ces saintes et sublimes prières ; ils y voient la ligue, et ils osent, un peu plus bas, parler *du salut des âmes*, *des intérêts de la morale*, *de la pureté sublime de la religion* : langage singulier et que nous ne saurions comment caractériser si le *Journal des Débats* ne s'était chargé de nous en donner l'explication lui-même, il y a vingt années, par l'axiôme suivant : *Dans la foule de petits hypocrites, dont la société est nécessairement composée, il s'en trouve quelques-uns qui travaillent plus en grand, dont les spéculations sont plus étendues et plus profondes, et qui bâtissent un système de fourberie plus compliqué.*

Toute la France sait avec quelle force le *Journal des Débats* a long-temps défendu les missionnaires contre les attaques de l'impiété. Ecoutez comment il en parle aujourd'hui : « Les missions sont destinées à recruter des bandes de chré» tiens, de Français à part, et ceci explique pourquoi le » royaume des fils aînés de l'Eglise, celui des Etats catholi» ques où il y a le plus de religion vraie, réfléchie, sérieuse, » est depuis quelques années traité en pays infidèle ; pourquoi » des missions sillonnent le sol français comme firent les Apô» tres chez les Gentils, comme font les prédicateurs courageux » chez les Sauvages. Ces missionnaires qui se présentent pour » prêcher la parole de Dieu à des troupeaux déjà pourvus de » pieux pasteurs, pour planter la croix à la porte des temples » de Jésus-Christ ; ces Missionnaires domestiques ne cherchent » ni conversion, ni martyres : ils font, l'encensoir à la main, » des levées pour une milice invisible, pour une guerre igno» rée. Cette guerre, on n'en connaît ni l'heure, ni le but ; » mais on sait qu'elle commence par la violation des lois. »

Que répondrons-nous aux révolutionnaires qui ont écrit ces lignes ? car il est évident que les révolutionnaires ont fait irruption dans le *Journal des Débats*. Nous leur répondrons par les propres paroles d'un homme qui se sépare d'eux enfin, qui fuit de peur d'être sali de leur impur voisinage, de l'illustre M. de Châteaubriand :

« Le succès des Missionnaires, qui n'étonne pas les chré» tiens, révolte et humilie nos grands-hommes. Il est dur, en » effet, d'avoir, pendant trente ans, bouleversé la France » pour déraciner la religion, et d'avoir perdu son temps ; il » est dur pour les esprits forts qui nous ont régénérés de » n'avoir pu établir ni un gouvernement, ni une institution, » ni une doctrine durable, et de voir d'*ignorans* Mission» naires échappés au martyre, pauvres, nus, insultés, calom» niés, charmer le peuple avec un crucifix et une parole de » l'Evangile. Ce démenti, donné à la sagesse du siècle, n'est-il » pas intolérable ? Comment souffrir des apôtres qui rétablis» sent les droits de la conscience, et qui prêchent la soumis» sion à l'autorité légitime ?

»Il est si courageux aujourd'hui d'attaquer le reste de ces »prêtres échappés aux pamphlets de Marat et aux héros de »septembre. Il faut tant d'esprit pour rire de ces hommes qui »n'ont ni pain ni asile, et qui ne demandent que la permis- »sion de consoler les misérables. Lorsque l'*Esprit* vous saisira, »nous seconderons en vous l'inspiration révolutionnaire, en »vous lisant quelque beau passage du *Journal des Jacobins*, »vos illustres devanciers. Nous ouvrirons le *Moniteur*, et »puisqu'il vous plaît de parler d'échafauds et de massacres, »nous compterons.

»Vous prétendez que les Missionnaires ont un tarif. Mais »vous-même n'avez-vous pas eu de tarifs? Les *bons* avec les- »quels vous payiez chaque assassinat aux Carmes et à l'Ab- »baye n'existent-ils pas encore? Vous êtes des esprits po- »sitifs; vous aimez les faits : voilà un fait.

»Les Missionnaires vous déplaisent; leurs solennités vous »importunent. Mais n'avez-vous pas eu aussi vos fêtes? Le »bourreau marchait à la tête de ces pompes de la raison : puis »venait un âne couvert des habits pontificaux; puis on traî- »nait les vases sacrés et la sainte Hostie; puis on mitraillait »les citoyens. Il est vrai que les Missionnaires n'ont rien à pré- »senter de pareil : ils portent aussi la sainte hostie, mais elle »n'est pas souillée; ils ne prêchent pas la haine, mais la »charité; ils ne fomentent pas les divisions, ils recomman- »dent l'oubli des injures; c'est surtout à la *station du par- »don* qu'ils s'arrêtent; et à la fin de leurs cérémonies, au »lieu d'égorger des hommes, ils montrent au peuple la vic- »time pacifique offerte pour le salut des persécuteurs, comme »pour celui des persécutés.

»Hommes de révolution, vous feriez mieux de vous taire : »vous échouerez dans vos projets, et ne réussirez qu'à vous »rendre odieux. Grâces à votre audace, qui n'est surpassée »que par votre faiblesse, on commence à ouvrir les yeux. »C'est aujourd'hui le 3 mai, jour qui a rendu à la France »son roi et son père. Cette seule date devrait avertir les pe- »tits impies du moment, que s'ils ne parviennent à renverser »le trône, c'est en vain qu'ils prétendent détruire la religion. »Le trône de saint Louis sans la religion de saint Louis est »une supposition absurde; la légitimité politique amène de »force la légitimité religieuse. Aussi, voyons-nous que le »monarque dont la France bénit le retour, étend son sceptre »protecteur sur les Missionnaires comme sur ses autres sujets. »Quand son inépuisable bonté vient chercher dans leurs be-

» soins les apôtres martyrs ; quand ils sont placés si haut par » la protection royale, que leur importent des calomnies qui » partent de si bas? La politique du roi très-chrétien, d'ac» cord avec l'expérience de tous les âges, juge autrement les » choses que la politique de quelques misérables libellistes : » elle sait qu'on ne peut reconstruire l'ordre social qu'en le » fondant sur les mœurs, et qu'on ne rétablit les mœurs qu'en » rétablissant la religion. »

Il n'y a rien à ajouter à de si éloquentes paroles; elles flétrissent ce que nous voulions flétrir; elles marquent d'un sceau d'infamie l'apostasie du *Journal des Débats*; M. de Châteaubriand n'a plus besoin d'apprendre à l'Europe qu'il est étranger à ce journal ; il l'a assez dit par les paroles que nous venons de répéter.

ARTICLE DU 19 MARS.

La *Gazette Universelle* devait s'attendre aux violences des feuilles dont elle était résolue d'attaquer les doctrines. Cet honneur ne lui a pas manqué, et il ne se passe pas de jour où *le Constitutionnel*, le *Courrier Français* et le *Journal du Commerce de Paris*, n'occupent d'elle leurs lecteurs. Nous avons pris le parti de ne jamais descendre dans l'arène, si ce n'est pour défendre les doctrines, mais de dédaigner cette guerre de personnalités qui désennoblirait la mission que, dans des circonstances comme celles où nous nous trouvons, un journal politique est appelé à remplir. Il est un point cependant sur lequel il nous importe de repousser vivement des allégations ennemies. C'est le reproche de vénalité. *Le Constitutionnel* a osé dire que la *Gazette Universelle* était soutenue de l'argent des contribuables. Nous opposons à cette imputation calomnieuse, tout ce qu'un démenti peut avoir de plus énergique. Nos concitoyens savent assez que ce n'est point une spéculation que nous avons entreprise, et que nous nous sommes unis plus pour le triomphe de nos doctrines que pour le succès de nos intérêts. Tout le monde n'en peut pas dire autant; et c'est peut-être ce qui rend notre position plus honorable, et donne plus de crédit à la libre expression de nos sentimens.

Le Constitutionnel, par *le triste retour des choses d'ici-bas*, après nous avoir calomniés, a vu porter contre lui une accusation semblable. Un journal a annoncé qu'il était à la solde du gouvernement des Pays-Bas. Nous comprenons l'indignation avec laquelle il a repoussé cette imputation. Que dirait-il si, nous emparant de sa réponse, et lui renvoyant les aménités qu'il a adressées au journal qui l'accusait, nous retournions contre lui ses propres paroles sans y rien changer : « *Le Constitutionnel*, les mains encore pleines de l'ar-» gent *du gouvernement des Pays-Bas*, dit que la *Gazette* » *Universelle* est à la solde *de l'autorité*. Nous n'avons rien » à répondre à cette nouvelle infamie des *révolutionnaires*. » Nous attaquerions cette feuille en diffamation, si ce n'était » pas un titre d'honneur, aux yeux de tout ce qu'il y a » d'honnêtes gens en Europe, que d'être diffamé par *le* » *Constitutionnel*. »

ARTICLE DU 2 AVRIL.

Un magistrat de la cour royale de Paris, M. Cottu, vient de publier un écrit dans lequel on lit les passages suivans : « Un vaste plan a été formé par *la plus grande partie* du » clergé, pour soumettre le pouvoir civil au pouvoir spi-» rituel. Un des plus illustres défenseurs du trône (M. de » Montlosier) en a dévoilé les secrets ressorts...... A » cette prodigieuse entreprise, les citoyens se sont regar-» dés entre eux, pouvant à peine se rassurer, *par les* » *merveilles des arts qui les environnent*, sur le siècle où ils » vivent. Ils ont élevé leurs mains suppliantes vers tous les » pouvoirs de la société.... *La magistrature seule* a entendu » leurs cris.... Elle a donné à son roi la plus haute preuve » de dévoûment, celle de lui dévoiler le péril d'une situa-» tion dans laquelle il aimait peut-être à *rêver son repos* et » la sécurité de sa couronne.

» Mais les efforts isolés de la magistrature n'ont pu cal-» mer les alarmes des peuples. Effrayés du bruit des chaînes » qui résonnent autour d'eux, ils se défient de tous les actes » d'un ministère qui n'ose point prendre en main la défense » de leurs libertés..... Qu'ils se rassurent cependant....., » les magistrats veilleront sur les entreprises du clergé. »

Ces paroles hardies d'un des magistrats les plus importans de la cour royale de Paris, déjà placé en évidence par la mission qu'il reçut du ministère, il y a quelques années, pour aller recueillir en Angleterre des documens sur la législation britannique, nous révèlent une des plus tristes et des plus inquiétantes difficultés de notre position sociale. Si la magistrature ne repousse pas, par la censure que les lois lui attribuent sur ses propres membres, une déclaration si étrange pour la forme et pour le fond, elle donnera lieu à des inquiétudes sérieuses et à d'affligeantes interprétations. L'expérience de nos malheurs est-elle donc perdue? et sommes-nous destinés à voir renaître, après un intervalle si court, ces luttes funestes dont le spectacle instruisait pour les révolutions la génération qui nous a précédés, et dont l'issue fatale a été un écroulement sous lequel ont été ensevelis à la fois, et le sacerdoce, et la royauté, et la magistrature elle-même écrasée sous les ruines du temple dont ses mains imprudentes avaient ébranlé les colonnes? Et quel moment un magistrat vient-il choisir pour renouveler contre le sacerdoce d'injustes reproches? Une vérité éclatante, c'est que jamais le clergé n'a moins donné prise à de pareilles accusations. La France n'a jamais eu à s'enorgueillir d'un clergé plus sage, plus religieux, plus uni, mieux renfermé dans les devoirs de sa sublime vocation, plus rapproché de Dieu, plus en dehors du siècle, plus digne des hommages et de la tendre vénération des peuples. Ah! sans ces funestes nuages qu'une licence impunie parvient à entasser devant leurs yeux, leurs bénédictions accompagneraient partout ces instrumens d'une providence régénératrice qui a voulu donner à la France, dans le clergé actuel, un signe touchant de ses desseins sur nous, la seule garantie que nous avons peut-être d'avoir obtenu pardon pour le passé, miséricorde pour l'avenir.

C'est cependant cette église de France, sortie si pure du creuset de la révolution, contre laquelle M. le conseiller Cottu ose renouveler l'absurde, l'incohérente accusation que ce journal a déjà flétrie, l'accusation portée par M. de Montlosier. Tant les préventions nous aveuglent! tant on se moque de l'opinion, tout en prétendant la conquérir! La pensée dominante de M. de Montlosier, c'est d'élever le pouvoir de l'aristocratie au-dessus de la religion. M. Cottu paraît substituer, dans ce dessein, la magistrature à l'aristocratie. Singulières prétentions, nées de notre anarchie!

Les parlemens avaient prétendu davantage encore ; je ne sais si l'on veut aller jusque-là ; en attendant, M. Cottu commence à dire au Roi que *S. M. rêve son repos dans une situation périlleuse.* M. Séguier avait dit à Louis XVIII en 1820 : « Sire, veillez sur vous, veillez sur tout ce qui vous entoure. » Si V. M. pensait que les magistrats pussent la servir encore efficacement, *rendez-leur des moyens dont l'utilité n'est point oubliée.* » Comme nous l'avons déjà dit, dans cette guerre que nous avons entreprise en faveur des doctrines religieuses et sociales audacieusement attaquées ou lâchement livrées, il nous importe d'être appuyés, vis-à-vis d'un siècle malheureusement prévenu, d'autorités qui ne lui soient point suspectes. Nous invoquerons donc aujourd'hui, au secours de nos réclamations, contre le danger de ces traditions parlementaires que voudraient ressusciter M. le conseiller Cottu, le jugement d'un homme qu'il ne récusera point. Notre citation aura cet avantage de rétablir deux vérités historiques à la fois, avantage qui n'est pas à dédaigner dans un temps où *les vérités diminuent chaque jour.*

« Nous croyons pouvoir avouer dès ce moment, écrivait » M. de Lally-Tollendal en 1806, nous croyons pouvoir » avouer que dans notre opinion, la destruction des jésuites » fut une affaire de parti, et non de *justice ;* que ce fut un » *triomphe orgueilleux et vindicatif de l'autorité judiciaire sur* » *l'autorité ecclésiastique, nous dirions même sur l'autorité* » *royale, si nous avions le temps de nous expliquer ;* que les » motifs étaient futiles ; que la persécution devint barbare ; » que l'expulsion de plusieurs milliers de sujets hors de » leurs maisons et de leur patrie, pour des métaphores com» munes à tous les instituts monastiques, pour des bou» quins ensevelis dans la poussière et composés dans un » siècle où tous les casuistes avaient professé la même doc» trine, était l'acte le plus *arbitraire et le plus tyrannique* » *qu'on pût exercer ;* qu'il en résulta généralement le dé» sordre qu'entraîne *une grande iniquité ;* et qu'en particu» lier une plaie jusqu'ici incurable, fut faite à l'éducation » publique, et notamment à *l'éducation monarchique. M. Sé*» *guier, obligé par son corps de prendre une part active* » *dans cette guerre acharnée contre des religieux, y mit au* » *moins tout ce qu'il put de modération et de douceur. C'était* » *en quelque sorte solliciter l'indulgence pour eux que de* » *rappeler, comme il le fit, les services qu'ils avaient rendus* » *à la religion, aux sciences et aux lettres. Elevé par eux,* » *il pouvait juger combien on les calomniait, etc. etc.* »

M. Hoffmann a plusieurs fois professé, dans le *Journal des Débats*, sur les écrivains anti-religieux du dix-huitième siècle, un système d'indifférence qui le porte à envisager comme inoffensives les doctrines les plus subversives de l'ordre politique et religieux. « Elles n'ont point amené la révolution, » dit-il, elles ne sauraient enfanter de nouveaux troubles; » d'ailleurs, une chose que les *intolérans* n'ont pas remarquée, » c'est qu'il n'y a, dans ces opinions des philosophes, aucune » suite, aucune liaison; ils se contredisent les uns les autres, » et souvent eux-mêmes : le moyen, après cela, qu'on leur accorde la moindre confiance. La lecture de leurs écrits ne pré- » sente aucun danger ». M. Hoffmann revient aujourd'hui sur cette idée. Il affirme que les livres des philosophes n'ont produit aucun mal, parce que les misérables de la lie du peuple qui prirent part à nos premiers troubles révolutionnaires, n'avaient pas lu « *le Léviathan* et le livre *de Cive*, de Hobbes; » le *Tractatus theologico-politicus*, de Spinosa; le *Système de* » *la Nature*, de d'Holbach; les *Lettres juives* et les *Lettres* » *cabalistiques*, du marquis d'Argens; la *Lettre sur les Aveu-* » *gles*, de Diderot; la *Profession de foi du vicaire savoyard*, » de Rousseau; et le *Dictionnaire philosophique*, de Vol- » taire ».

Certes, la plaisanterie est de bon goût et des plus ingénieuses qui se puissent imaginer; mais lorsqu'on veut s'engager aux dépens de la morale et du repos des nations, il faut être bien sûr, comme l'a dit un des collaborateurs de M. Hoffmann au *Journal des Débats* : *Il faut être bien sûr de ne pas tomber soi-même dans de grandes ignorances*. Non vraiment, ils *n'avaient pas lu d'Holbach et Diderot, ceux qui ont pris la Bastille;* mais les instigateurs des héros de la Bastille les avaient lus; mais celui qui, du haut de la tribune, fit entendre ces exécrables paroles : *Leur sang était-il donc si pur?* était probablement un élève des d'Holbach et des Diderot. Et *ce sang*, M. Hoffmann le sait, était le sang de Berthier, du père d'un collègue de M. Bertin *des Débats*.

Au reste, ce n'est point seulement après la catastrophe que l'on a accusé les philosophes des maux dont nous fûmes victimes : tous les esprits clairvoyans ont prédit, dès l'origine, les funestes résultats que leurs écrits ont amenés. Le patriarche de Ferney nous en fournit une preuve que l'on n'a pas assez remarquée; nous la livrons aux méditations de M. Hoffmann :

« Un grand courtisan m'a envoyé une singulière réfutation

» du *Système de la Nature*, dans laquelle il dit que la nou-
» velle philosophie amènera une *révolution horrible*, *si on ne*
» *la prévient pas*. Tous ces cris s'évanouiront, et la philoso-
» phie restera ». (*Lettre de Voltaire à Condorcet*, 11 *octobre* 1770.)

La philosophie est bien restée, mais la prédiction ne s'est point évanouie.

ARTICLE DU 22 AVRIL.

Ces illuminations, ces promenades tumultueuses, ces cris le plus souvent séditieux, dont les feuilles libérales ont fait grand bruit ces jours derniers, qu'elles proclament comme l'expression de la reconnaissance et de la joie publique, et dont le rejet de la loi sur le *droit d'aînesse* n'était que le faux prétexte, ne seraient qu'un sujet de ridicule, s'ils n'étaient un sujet d'effroi.

Le *Constitutionnel*, le *Courrier*, et les feuilles à la suite, ou plutôt les hommes du parti de la révolution, *veulent la religion*, *chérissent la royauté; ils respectent, ils entourent de toute leur vénération les prêtres du sanctuaire*. C'est aux *jésuites seuls* qu'ils en veulent; mais à l'œuvre on reconnaît l'intention. Examinons donc de près.

Etaient-ils des *jésuites*, *ces deux ecclésiastiques qui*, *se promenant* dans le jardin du Luxembourg, mardi dernier, jour de *jubilation et d'extase*, comme vous savez, furent tout-à-coup assaillis par une bande d'énergumènes qui, les accablant des plus dégoûtantes injures, les obligèrent à quitter promptement la place, et les conduisirent au milieu des sarcasmes et des risées jusqu'à la grille de sortie?

Etaient-ils des *jésuites*, ces deux autres ecclésiastiques (deux prêtres polonais, qui, par le ton dérisoire, la manière insultante dont ils furent traités, emporteront dans leur patrie des souvenirs honorables sur l'urbanité de ceux qui se proclament les amis par excellence de la *religion*, de la *royauté*, de la *tolérance*), qui, le même jour, presque à la même heure, dans le même lieu, essuyèrent les mêmes outrages?

Etait-il *jésuite*, ce noble pair (M. l'abbé duc de Rohan), qui, sortant de la Chambre, modestement à pied et par le jardin, revêtu du costume ecclésiastique, fut insolemment apostrophé, et qui, en se retournant pour regarder ces figures où se peignaient si bien la noblesse du cœur, l'élévation des sentimens, put apercevoir le geste ignoble dont il était menacé ?

Etait-il *jésuite*, ce digne ecclésiastique, ce vieillard plus que sexagénaire, dont la tête blanchie commanderait le respect à toute âme bien née, qui, traversant, il y a peu de jours, à 8 heures du matin, les galeries extérieures de l'Odéon, y fut si indignement outragé, y entendit à satiété toutes les dénominations obscènes et flétrissantes, puisées dans les livres à 5 sous qui se débitent si *impunément* dans le lieu même où il passait ?

Etait-ce aux *jésuites seuls* qu'ils en voulaient, dans la soirée de mardi 11, ces groupes qui parcouraient les rues Saint-Martin, Saint-Denis, Saint-Honoré, faisant entendre, comme au bon temps, les cris si *religieux*, si *monarchiques*, si *humains*, d'*à bas la calotte ! à bas les prêtres !*

N'en voulait-elle qu'aux *jésuites* cette troupe qui, marchant par bandes de cinq à six, le même soir, dans une des rues du faubourg Saint-Germain, criait par intervalle et à haute voix : *Souscription ouverte pour acheter des cordes et pendre les missionnaires !*

Ne les a-t-on pas vus aussi ces royalistes improvisés, dans la soirée de mercredi, de ce jour si cher à tout cœur français, ne pouvant supporter l'élan de la joie publique, saluer *à coups de pierres* les illuminations qui éclairaient la demeure des fidèles sujets du Roi ?

Je le demande, peuvent-ils être partisans zélés de la religion, amis sincères de la royauté, comme ils le prétendent, ces hommes qui, pour mieux faire circuler et répandre avec plus d'abondance le poison des mauvaises doctrines, font imprimer et distribuer à vil prix (à deux sous, à cinq sous), dans tous les lieux de la capitale, ces livres présentés sous mille formes différentes, afin de capter plus sûrement l'attention ; ces livres où le peuple puise à loisir la *corruption*, la *haine* et le *mépris* pour la religion et ses ministres, la haine et le mépris pour toute autorité légitime ?..... Oui, ils se colportent, ils se distribuent partout ces livres, et hier encore des hommes chargés de ces productions infames ont été trouvés dans un des faubourgs de la capitale, les offrant à tous venans ! !...... Et au milieu d'une telle agitation pour le mal, au milieu de tant de sinistres présages, l'autorité s'endort, les lois sont impuissantes !

IMPRIMERIE DE BEAUCÉ RUSAND, RUE PALATINE, N.° 5.

ARTICLE DU 12 AVRIL 1826.

Le *Constitutionnel* du 12 avril renferme, contre la *Gazette Universelle*, l'article suivant que nous répétons ici, sans y changer un seul mot :

« Tandis que les jésuites de Saint-Acheul spolient les familles, les jésuites de Lyon calomnient le prochain dans leur *Gazette Universelle*. Ils ont l'impudeur de dire que *le Constitutionnel* a annoncé, il y a quelques jours, *la réimpression de la Guerre des Dieux*. C'est un mensonge grossier ; il n'y a en France que les jésuites qui auraient quelqu'intérêt à faire réimprimer cet ouvrage dans leurs souterrains, pour avoir occasion de crier *à la licence de la presse*. Heureusement les excès de cette détestable secte nous sauveront de ses fureurs. Ils ont abusé d'une protection occulte qu'ils ont prise pour un triomphe, et leur proie leur échappera pour avoir trop tôt voulu la dévorer. »

Voilà le langage du *Constitutionnel*, journal très-bien écrit et plein de modération comme le soutiennent ses admirateurs; mais ce qu'il y a de vraiment étourdissant, c'est l'audace du malheureux qui, pris sur le fait, en flagrant délit, nie avec insolence et injures. Que faire ? Répéter, sans y rien changer, ce que nous avons dit dans notre numéro du 25 mars, et inviter en même temps tous les lecteurs du *Constitutionnel* à rechercher sa feuille du 11 mars 1826, ils y liront une lettre des héritiers de Parny, ainsi conçue :

« Nous espérons que l'intérêt des lettres et de la justice » vous porteront à accueillir dans votre journal l'avis suivant : Seuls possesseurs des *Œuvres complètes* de M. » Parny et de l'exemplaire unique où se trouvent les corrections écrites de sa main, notre intention est d'en donner incessamment une édition qui, confiée aux soins de » MM. Tissot et Jouy, l'un ami du poète, et l'autre son successeur à l'institut, contiendra ce que nous seuls pouvons » offrir au public, *toutes les poésies érotiques ;* toutes les » pièces et fragmens inédits jusqu'à ce jour; une esquisse

» biographique et littéraire de M. Tissot sur M. de Parny et » sur le genre dans lequel il a excellé ; enfin, le discours » de réception de M. Jouy, discours qui n'a pas été pro- » noncé, etc. »

La chose est-elle patente ? la réimpression *de la Guerre des Dieux*, un des principaux ouvrages de Parny, est-elle annoncée par le *Constitutionnel ?* Est-ce un *mensonge grossier* que nous avons commis ? M. Tissot, ancien rédacteur du *Constitutionnel*, M. Jouy, ancien professeur de morale à l'Athénée, sont-ce là ces *jésuites, qui vont réimprimer la Guerre des Dieux dans leurs souterrains, pour avoir occasion de crier à la licence de la presse ?* En vérité, on ne sait que répondre à un tel excès d'impudence.

Mais de quoi nous étonnons-nous ? Quand on est convaincu d'une chose honteuse, il faut nier et nier hardiment. Moi ! s'écriait Voltaire, je dirais au procureur-général : *Maître Omer, Joly de Fleury, c'est vous qui avez fait la Pucelle !*

ARTICLE DU 22 MAI.

La distribution des livres à cinq sous continue. Des émissaires colportent ces poisons hors des villes, les donnent au rabais, en sèment dans les chemins et sur les routes, afin qu'aucun motif ne s'oppose à la propagation des lumières dans l'esprit des gens de la campagne. Ainsi, grâces à cette active philanthropie, le laboureur qui maintenant sait lire, le laboureur, disons-nous, pourra désormais, en poussant sa charrue, lire le *Tartuffe* et les *Victimes cloîtrées*. Le pasteur du village, et les pieux religieux des deux sexes qui se dévouent à l'éducation des enfans, se trouveront là tout exprès pour recevoir l'application ; et ces bons curés de campagnes qui inspirent une si tendre compassion à la philosophie, quand il faut les opposer à leurs évêques, ne seront plus que de misérables fanatiques qu'on accompagne de huées en attendant qu'on puisse faire mieux. Or, savez-vous le raisonnement que fait là-dessus le *Journal du Commerce* de Paris ? « Ou ces livres sont mauvais et dangereux, dit-il, ou ils ne

» sont ni l'un ni l'autre. S'ils sont indifférens à la tranquillité » publique, ne déclamez plus contre leurs éditions multi- » pliées ; s'ils offrent au contraire du danger, c'est au minis- » tère à ordonner des poursuites et à les provoquer. Ils ne » sont l'objet d'aucun réquisitoire, donc ils sont innocens ». Voilà le résumé de la discussion de ce journal, et l'analyse des raisons qu'il donne à ses lecteurs; et ici nous l'avouons, nous ne savons ce qu'on doit admirer le plus, ou de l'impudeur d'un pareil argument, ou de la faiblesse d'un gouvernement qui a mérité un aussi sanglant reproche. A-t-on jamais vu un empoisonneur distribuer publiquement ses drogues mortelles, attester par le nombre de ses victimes l'activité de ses poisons et la stupidité de ses dupes, et venir se prévaloir du silence de l'autorité pour continuer ses attentats ? Un tel pays existe-t-il ? Et s'il existe, que penser de son avenir ? Certes, nous le dirons hautement, nous ne voyons rien de pire qu'une semblable liberté, et nous avons peine à concevoir qu'un ordre apparent puisse exister encore avec de tels principes. Pourquoi le gouvernement a-t-il donc encore des gendarmes qui arrêtent les voleurs, des juges qui punissent les calomniateurs, des pilotis pour en faire justice. Pourquoi n'est-il pas permis de parler et d'agir, puisqu'il est permis de tout écrire, et puisqu'on proclame, sous le nom de liberté de la pensée, la liberté de les exprimer toutes, par quelle inconséquence lui défend-on de se manifester par le fer et par le feu ! C'est là aussi l'expression d'une pensée qui demande à être libre. Le singulier peuple que nous sommes ! Un malheureux, hébété par le vin et la misère, injurie le Roi et on le punit; et des écrivains insultent chaque jour à la Majesté Divine et à la majesté humaine ; ils excitent le fanatisme qui a tué les rois et qui voudrait anéantir Dieu ; et parce que cette injure est imprimée, parce qu'elle est entendue par dix mille personnes à la fois, elle est du domaine de la liberté, l'imprimeur l'a scellée d'un cachet d'inviolabilité.

Ecoutez donc l'opinion, disent aux princes les journaux de toute couleur; elle seule peut vous guider, et c'est moi qui en suis l'organe. Ecoutez l'opinion, dit l'opposition de droite, c'est moi qui la représente; non, dit la gauche, vous vous trompez : la véritable opinion est celle de nos commettans. Le centre prétend aussi avoir la sienne. Dans ce concours de prétentions qui se heurtent; où trouver l'opinion, ou plutôt pourquoi l'y chercher? Un gouvernement fort ne la cherche pas, il la fait. Citez-moi une nation heureuse, un siècle de gloire et de prospérité où les gouvernemens n'aient créé l'opinion. Pour nous, nous leur dirons : Formez-vous un système grand, généreux, fondé sur la connaissance des hommes, sur les enseignemens de l'histoire; voyez ce qui, dans tous les temps, a rendu le peuple heureux, et puis marchez avec franchise, énergie et constance, et vous verrez bientôt l'opinion, se groupant autour de vous, faire taire les petits amours-propres déçus, et vous saluer de ses acclamations unanimes.

IMPRIMERIE DE BEAUCÉ-RUSAND, HÔTEL PALATIN, PRÈS ST.-SULPICE.

www.ingramcontent.com/pod-product-compliance
Ingram Content Group UK Ltd.
Pitfield, Milton Keynes, MK11 3LW, UK
UKHW022004260726
13994UKWH00004B/1949